**CÍRCULO
DE POEMAS**

Cacto na boca

Gianni Gianni

*Para Ana, minha mãe,
e Ana, minha irmã*

Acabe com o ruído na cabeça deles.
Gloria Anzaldúa

antes de ler o primeiro
poema
assinale a alternativa correta
a respeito deste livro de
poemas:

a) é uma sessão de acupuntura na mucosa

b) será como mastigar vidros

c) assemelha-se a masturbar-se com um garfo

d) este não é um livro de poemas

Houaiss fala

s.m. (1844) ANGIOS **1** design. comum às plantas do gênero-tipo da fam. das cactáceas, *Cactus*, incluído no gên. *Mammillaria* **2** *p. ext.* design. comum às plantas pertencentes aos diversos outros gên. da fam. das cactáceas **3** *impr.* design. comum a várias plantas cactiformes da fam. das crassuláceas e das euforbiáceas, a algumas do gên. *Agave*, da fam. das agaváceas, e a outras de diferentes famílias **3.1** planta afila (*Stapelia hirsuta*) da fam. das asclepiadáceas, nativas do Sul da África, com flores solitárias e que exalam odor semelhante ao da carne podre | ETIM. lat. cien. gên. *Cactus* (1735) do gr. *káktos,* ou "cardo, alcachofra" | SIN. cáctus

na

/ô/ *s.f.* (1085) **1** abertura inicial do tubo digestivo dos animais **2** ANAT nos vertebrados, cavidade situada na cabeça, delimitada externamente pelos lábios e internamente pela faringe **3** ANAT conjunto formado por essa cavidade e as estruturas que a delimitam **4** *p. ext.* parte exterior da cavidade bucal; os lábios, o contorno dos lábios **5** *p. ana.* qualquer abertura ou fenda que lembre uma boca **6** abertura de uma cavidade, de um recipiente, de um objeto oco etc.; bocal <*b. de garrafa*> **7** abertura de saco, sacola etc. **8** extremidade inferior das pernas de calças, calções etc. <*calça de b. larga*> **9** recorte ou mossa em aresta ou gume <*a lâmina do facão apresenta diversas b.*> **10** abertura que permite a entrada ou saída de local de formato afunilado, circular ou côncavo <*b. de vulcão, de túnel*> **11** *B* tubo de saída de gás em cuja ponta se dá a combustão; bico de gás **11.1** nos fogões (esp. a gás), abertura por onde a chama sai e entra em contato com a panela **12** cada uma das aberturas existentes na parte inferior dos balões, onde se acendem as buchas ou os maçaricos que os inflam **13** INDÚS; *B* m.q. *bolsa* ("alargamento de extremidade") **14** *p. met.* (*da acp. 3*) indivíduo a ser alimentado <*o pobre operário tem cinco b. para alimentar*> **15** *p. met.* pessoa, quando se exprime esp. através da fala <*muitas b. reclamaram de tal injustiça*> **16** *fig.* princípio, início <*b. da noite*> <*b. da estrada*> **17** *fig.*; *B*; *infrm.* oportunidade de trabalho para sobrevivência; emprego <*ele arrumou uma b. na loja do tio*> **18** *fig.*; *B*; *infrm.* oportunidade de ganhar dinheiro fácil, ou de tirar proveito material de algo sem fazer esforço; boca-rica **19** *B*; *N.E.*; *infrm.* dívida não paga; calote **20** ARM entrada da alma de uma peça de artilharia ou de uma arma de fogo portátil **21** GRÁF chapa no crisol da linotipo e máquinas afins, cujos furos permitem a passagem do chumbo derretido para o molde, no momento da fundição da linha **22** GRÁF no cilindro das prensas, abertura onde se fixa o revestimento e onde funcionam as pegadeiras **23** MAR largura de qualquer secção transversal do casco de uma embarcação **24** MÚS abertura do tubo do órgão por onde é expelido o ar; alma, bocal | *interj.* **25** exprime um pedido de que se faça silêncio ou não se fale sobre determinado assunto [...]

bisa Josefa Georgina fala

uma lavadeira
preta
leva pedrada
de moleque
livra moleque
de surra

menino não teve intenção
disse a lavadeira

do maxilar descolado
da língua impedida
da baba farta

FIM DO PRIMEIRO ATO

* uma mulher preta aleijada; aleijada nos ossos que articulam palavras; por uma pedrada; uma pedrada não intencional; deve ocupar um ato inteiro deste espetáculo; deste espetáculo repleto de personagens *menino não teve intenção*; s.f. 1 aquilo que se pretende fazer; propósito, plano, ideia ‹sondar as i. de alguém› ‹que i. o senhor tem para aquele terreno?› 2 aquilo que se procura alcançar, conscientemente ou não; propósito, desejo, intento ‹sua i. era causar-nos aborrecimentos› ‹se o magoou, não teve a i.› 3 em moral, o fim que determina um ato, considerado independentemente de sua efetiva realização ‹julgar um ato por sua i. e não por sua consequência› ‹de boas i. o inferno está cheio› 4 FIL na escolástica, aplicação do espírito a um objeto de conhecimento; o próprio objeto de pensamento ao qual o espírito se aplica 5 FIL segundo Husserl, atitude ou ato da consciência que dá um sentido aos dados da percepção, da imaginação ou da memória 6 LIT conjunto das motivações que levam um escritor a produzir uma obra literária.

SEGUNDO ATO
(é sempre útil ter um cacto à mão)

cena I

INT. CASA DO SÍTIO HISTÓRICO — NOITE

É carnaval.

Todos bebem, euforia, passam dos limites, beijos na boca, dormem pelo chão.

                COLEGA BRANCO
O seu problema é que você gosta de diminuir as pessoas, mas isso diz mais sobre você do que sobre mim.

A atriz não branca enfia um cacto na boca.

cena II

INT. APARTAMENTO DE CLASSE MÉDIA EM BAIRRO NOBRE — NOITE

É confraternização de fim de ano.

Todos bebem, euforia, passam dos limites, pista de dança, quebram copos.

> AMIGA BRANCA
> O seu problema é que você não sabe acolher, você não sabe dar colo às pessoas.

A atriz não branca enfia um cacto na boca.

cena III

EXT. EM FRENTE AO CINEMA DE ARTE BEM-
-FREQUENTADO DA CIDADE — NOITE

Aqui é um dia qualquer.

Todos fazem cinema, juventude, passam dos limites, comem atrizes não brancas às escondidas.

> CINEASTA BRANCO QUE BEIJA A ATRIZ NÃO BRANCA
> QUANDO NINGUÉM ESTÁ VENDO
> O que ela está pensando?
> Ela quer acabar com a minha vida.

A atriz não branca escreve um longo e-mail se justificando por não ter ficado nos bastidores.

O cineasta branco que beija a atriz não branca quando ninguém está vendo não responde a este e-mail.

Nem mesmo dez anos depois.

A atriz não branca enfia um cacto na boca.

cena IV

INT. APARTAMENTO DE CLASSE MÉDIA QUE É
PROPRIEDADE DOS PAIS — NOITE

Um encontro supostamente romântico.

Mais um homem branco. A atriz não branca não aprende.

Ele está tentando esquecer uma mulher branca enquanto come outra mulher branca e a atriz não branca.

          HOMEM BRANCO
   Eu não sei por que você tá chateada,
     quem devia tá chateada era ela.

A atriz não branca enfia um cacto na boca.

recomenda-se um intervalo.

_são sensíveis aqueles que a poeta
pretende diminuir hoje_

ATO FALHO

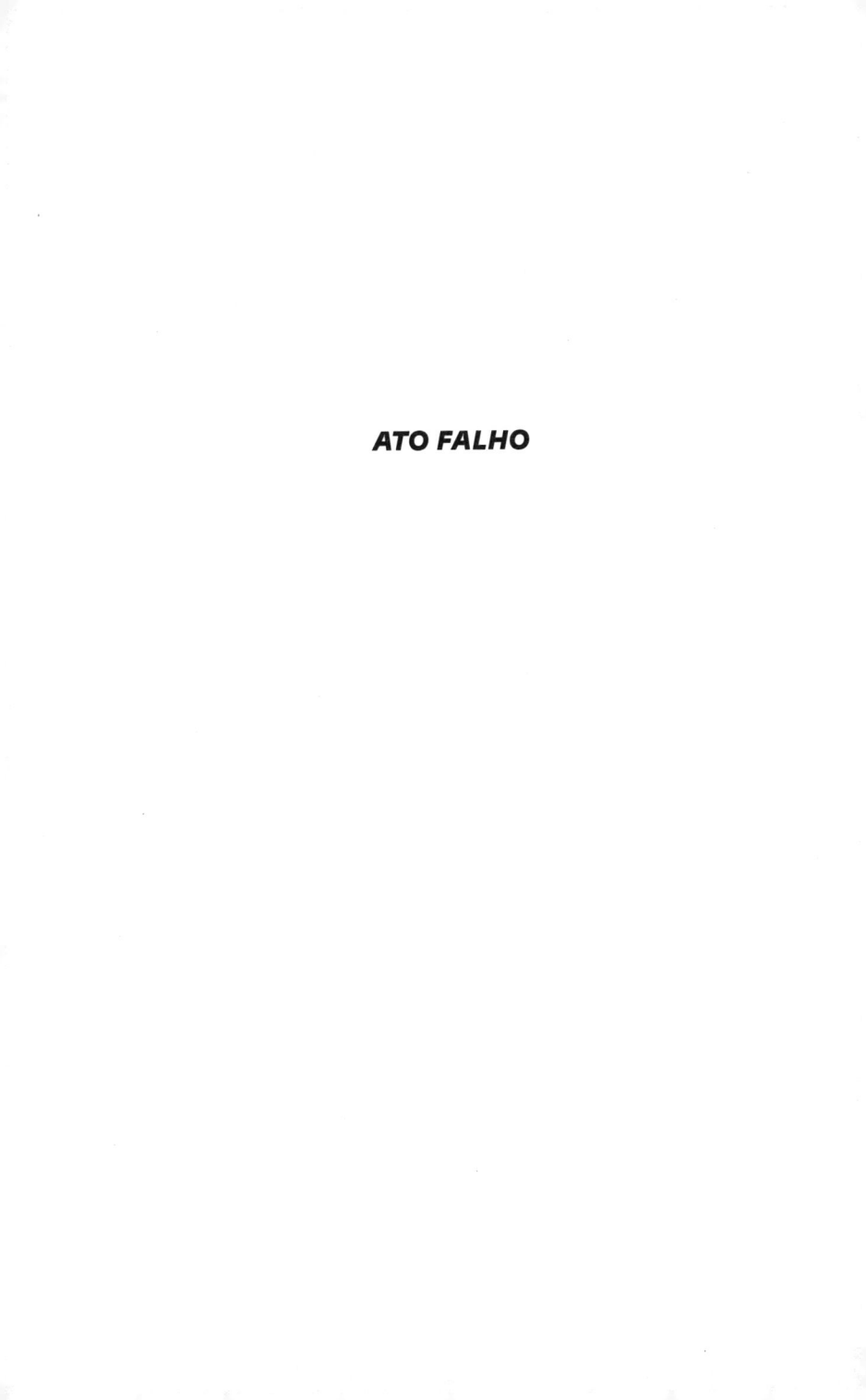

> — *Era belo, áspero, intratável.*
> Manuel Bandeira

I.

deve ser realmente
incômodo
tantos cactos antes
ter que ouvir a minha voz
tantos cactos depois
ter que se submeter às minhas palavras
aqui
neste livro
e no anterior
e nos próximos
abrir os olhos diante
da metralhadora de espinhos
que guardo na garganta

deve ser um acinte
a um século de pesquisas
bem mais que isso
esse tanto de si
de eu
(toda hora essa gente preta)
que se julga estofo
da sustentação de versos
com suas histórias privadas

um amigo cindido pelo colorismo
(o arco-íris dos estupros

originários. quantas cores?)
brinca, nas mesas de bar, quando eu
começo a falar sem
respiro diz que
entrei no modo
metralhadora

é muito inconveniente uma
pele suja que tenha tanto a dizer
afinal, todos temos tanto a dizer
ã ã nanão
nem todos com o mesmo carisma
com a mesma paixão pelas palavras
com a mesma carga
a mesma carregada
metralhadora de espinhos

estou tendo um ataque narcísico?
na conta de um poema narcísico?
que nem a poema consegue chegar?

um cacto,
vocês não chegam a aguentar.

II.

> *Do desejo que fermentas*
> *outros fodem comigo. Como*
> *uma penélope de pernas abertas*
> *ao pesadelo do laço, da lascívia.*
>
> *Dizes que virás. Por que a mim mentirias?*
> *Não distingo tons, príncipe.*
> *Quero ter coração? Não quero*
> *latejar o ímpeto a contenção*
> *de sentir nos dedos o torpor*
> *que sopraria tua garganta a fundo.*
>
> (retirado da série de poemas *obsessão*)

eu poderia escrever mais poemas como esse,
mas — quero ter coração? —
eu não quero.

INSTRUÇÕES PARA CONTINUAR

exercício cênico I

Puxe a sua língua
ao máximo
depois espete a ponta
para se certificar
do veneno.

exercício cênico II

Imagine como seria
colocar a boca no cacto
em vez do cacto na boca.

exercício cênico III

Liste todos os orifícios existentes no seu corpo. Visualize cactos entrando em cada um deles.

exercício cênico IV

Ajoelhe-se diante do cacto
entre as pernas. Chupe-o.
Depois, observe a danificação
das suas cordas vocais.

exercício cênico V

Experimente dormir em um
colchão cheio de agulhas ou sobre
uma plantação de cactos. Não vale gritar.

ATO FINAL

*Josefina Ludmer fala**

mais um livro desta
safra de cactáceas
dos que podem
ou não entregar
a aguerrida forma —
dar a volta em si

*esto quiere decir que no se sabe o no importa si son buenos
o malos, o si son o no son literatura. y tampoco se sabe
o no importa si son realidad o ficción. se instalan en un
régimen de significación ambivalente y ése es precisamente
su sentido.*

observa se
ao te retirares das páginas
levas espinhos nos dedos

*muchas escrituras del presente atraviesan
la frontera de la literatura
y quedan afuera y adentro, como en posición diaspórica:
afuera pero atrapadas en su interior*

terá sido um verdadeiro sucesso
quão mais espinhos houver
embaixo das unhas

* Os grifos do poema foram retirados do artigo "Literaturas postautónomas", de Josefina Ludmer, publicado em *Propuesta Educativa*, n. 32, ano 18, nov. 2009.

*se sitúan en la era del fin de la autonomía del arte
y por lo tanto no se dejan leer estéticamente*

uma crítica no jornal contrapõe
um bom livro de poemas
à egolatria
    despudorada
dos tempos

*aparecen como literatura pero no se las puede leer con
criterios o con categorías literarias como autor, obra, estilo,
escritura, texto y sentido. y por lo tanto es imposible darles
un "valor literario".*

muitos muitíssimos acadêmicos
intelectuais literatos
não sabem o que fazer com tamanho
desrespeito às regras do jogo

*es ocupado totalmente por la ambivalencia
    escrituras o literaturas postautónomas*

a literatura
é um jogo
com regras

*todo lo cultural [y literario] es económico,
y todo lo económico es cultural [y literario].
estas escrituras salen de la literatura y entran a
"la realidad" y a lo cotidiano, a la realidad de lo cotidiano.
y toman la forma de escrituras de lo real: del testimonio,*

*la autobiografía, el reportaje periodístico, la crónica,
el diario íntimo, y hasta de la etnografía.*

no jogo de dominó,
é mais difícil marcar
as pedras
de quem não sabe contar o jogo
de quem não sabe jogar

*una realidad que es un tejido de palabras e imágenes de
diferentes velocidades y densidades,
interiores-exteriores al sujeto*
                                     que es privadopúblico

o crítico que não aprecia
a egolatria despudorada
considera a "poética identitária"
tão "urgente" quanto "redundante"

*autonomía, para la literatura, fue especificidad
y autorreferencialidad,
y el poder de nombrarse y referirse a sí misma*

o crítico branco lê uma poeta branca
e qualifica um projeto literário
em relação a
outro projeto literário:
o "identitário"

*(una literatura concebida como esfera autónoma o como
campo) lo que dramatizaban era la lucha por el poder
literario y por la definición del poder de la literatura*

tão "urgente"
pois a intelectualidade branca
tem consciência social
quanto "redundante"
pois a intelectualidade branca
tem um latifúndio epistemológico a zelar

la literatura autónoma:
el marco
las relaciones especulares
el libro en el libro
el narrador como escritor y lector
las duplicaciones internas
recursividades
isomorfismos
paralelismos
paradojas
citas
referencias a autores y lecturas

e o mais curioso é que sou cria
da autonomia da literatura

las literaturas postautónomas:
saldrían de "la literatura"
atravesarían la frontera
y entrarían en un medio
material real-virtual
sin afueras
la imaginación pública

mas é bem possível que ela
tão literatura tão autônoma

cultivada tão longe dos meus
seja meu cacto na boca
por excelência

*otra episteme
pura experiencia verbal
    subjetivapública
 de la realidadficción*

e aí eu decidi
vomitar.

Copyright © 2024 Gianni Paula de Melo

Todos os direitos reservados. Nenhuma parte desta obra pode ser reproduzida, arquivada ou transmitida de nenhuma forma ou por nenhum meio sem a permissão expressa e por escrito da Editora Fósforo.

DIREÇÃO EDITORIAL Fernanda Diamant e Rita Mattar
COORDENAÇÃO DA COLEÇÃO E EDIÇÃO Tarso de Melo
COORDENAÇÃO EDITORIAL Juliana de A. Rodrigues
ASSISTENTE EDITORIAL Millena Machado
REVISÃO Eduardo Russo
DIRETORA DE ARTE Julia Monteiro
IMAGEM DE CAPA Priscilla Buhr, "AutoDesconstrução", 2010
PROJETO GRÁFICO Alles Blau
EDITORAÇÃO ELETRÔNICA Página Viva

A marca FSC® é a garantia de que a madeira utilizada na fabricação do papel deste livro provém de florestas gerenciadas de maneira ambientalmente correta, socialmente justa e economicamente viável e de outras fontes de origem controlada.

Dados Internacionais de Catalogação na Publicação (CIP)
(Câmara Brasileira do Livro, SP, Brasil)

Gianni, Gianni
   Cacto na boca / Gianni Gianni. — São Paulo : Círculo de Poemas, 2024.

   ISBN: 978-65-6139-012-5

   1. Poesia brasileira I. Título.

24-223797   CDD — B869.1

Índice para catálogo sistemático:
1. Poesia : Literatura brasileira   B869.1

Cibele Maria Dias — Bibliotecária — CRB-8/9427

circulodepoemas.com.br
fosforoeditora.com.br

Editora Fósforo
Rua 24 de Maio, 270/276, 10º andar
01041-001 — São Paulo/SP — Brasil

Que tal apoiar o Círculo e receber poesia em casa?

O que é o Círculo de Poemas? É uma coleção que nasceu da parceria entre as editoras Fósforo e Luna Parque e de um desejo compartilhado de contribuir para a circulação de publicações de poesia, com um catálogo diverso e variado, que inclui clássicos modernos inéditos no Brasil, resgates e obras reunidas de grandes poetas, novas vozes da poesia nacional e estrangeira e poemas escritos especialmente para a coleção — as charmosas plaquetes. A partir de 2024, as plaquetes passam também a receber textos em outros formatos, como ensaios e entrevistas, a fim de ampliar a coleção com informações e reflexões importantes sobre a poesia.

Como funciona? Para viabilizar a empreitada, o Círculo optou pelo modelo de clube de assinaturas, que funciona como uma pré-venda continuada: ao se tornarem assinantes, os leitores recebem em casa (com antecedência de um mês em relação às livrarias) um livro e uma plaquete e ajudam a manter viva uma coleção pensada com muito carinho.

Para quem gosta de poesia, ou quer começar a ler mais, é um ótimo caminho. E para quem conhece alguém que goste, uma assinatura é um belo presente.

CÍRCULO DE POEMAS

LIVROS

1. **Dia garimpo.** Julieta Barbara.
2. **Poemas reunidos.** Miriam Alves.
3. **Dança para cavalos.** Ana Estaregui.
4. **História(s) do cinema.** Jean-Luc Godard (trad. Zéfere).
5. **A água é uma máquina do tempo.** Aline Motta.
6. **Ondula, savana branca.** Ruy Duarte de Carvalho.
7. **rio pequeno.** floresta.
8. **Poema de amor pós-colonial.** Natalie Diaz (trad. Rubens Akira Kuana).
9. **Labor de sondar [1977-2022].** Lu Menezes.
10. **O fato e a coisa.** Torquato Neto.
11. **Garotas em tempos suspensos.** Tamara Kamenszain (trad. Paloma Vidal).
12. **A previsão do tempo para navios.** Rob Packer.
13. **PRETOVÍRGULA.** Lucas Litrento.
14. **A morte também aprecia o jazz.** Edimilson de Almeida Pereira.
15. **Holograma.** Mariana Godoy.
16. **A tradição.** Jericho Brown (trad. Stephanie Borges).
17. **Sequências.** Júlio Castañon Guimarães.
18. **Uma volta pela lagoa.** Juliana Krapp.
19. **Tradução da estrada.** Laura Wittner (trad. Estela Rosa e Luciana di Leone).
20. **Paterson.** William Carlos Williams (trad. Ricardo Rizzo).
21. **Poesia reunida.** Donizete Galvão.
22. **Ellis Island.** Georges Perec (trad. Vinícius Carneiro e Mathilde Moaty).
23. **A costureira descuidada.** Tjawangwa Dema (trad. floresta).
24. **Abrir a boca da cobra.** Sofia Mariutti.
25. **Poesia 1969-2021.** Duda Machado.
26. **Cantos à beira-mar e outros poemas.** Maria Firmina dos Reis.
27. **Poema do desaparecimento.** Laura Liuzzi.
28. **Cancioneiro geral [1962-2023].** José Carlos Capinan.
29. **Geografia íntima do deserto.** Micheliny Verunschk.
30. **Quadril & Queda.** Bianca Gonçalves.
31. **A água veio do Sol, disse o breu.** Marcelo Ariel.
32. **Poemas em coletânea.** Jon Fosse (trad. Leonardo Pinto Silva).
33. **Destinatário desconhecido.** Hans Magnus Enzensberger (trad. Daniel Arelli).
34. **O dia.** Mailson Furtado.

PLAQUETES

1. **Macala.** Luciany Aparecida.
2. **As três Marias no túmulo de Jan Van Eyck.** Marcelo Ariel.
3. **Brincadeira de correr.** Marcella Faria.
4. **Robert Cornelius, fabricante de lâmpadas, vê alguém.** Carlos Augusto Lima.
5. **Diquixi.** Edimilson de Almeida Pereira.
6. **Goya, a linha de sutura.** Vilma Arêas.
7. **Rastros.** Prisca Agustoni.
8. **A viva.** Marcos Siscar.
9. **O pai do artista.** Daniel Arelli.
10. **A vida dos espectros.** Franklin Alves Dassie.
11. **Grumixamas e jaboticabas.** Viviane Nogueira.
12. **Rir até os ossos.** Eduardo Jorge.
13. **São Sebastião das Três Orelhas.** Fabrício Corsaletti.
14. **Takimadalar, as ilhas invisíveis.** Socorro Acioli.
15. **Braxília não-lugar.** Nicolas Behr.
16. **Brasil, uma trégua.** Regina Azevedo.
17. **O mapa de casa.** Jorge Augusto.
18. **Era uma vez no Atlântico Norte.** Cesare Rodrigues.
19. **De uma a outra ilha.** Ana Martins Marques.
20. **O mapa do céu na terra.** Carla Miguelote.
21. **A ilha das afeições.** Patrícia Lino.
22. **Sal de fruta.** Bruna Beber.
23. **Arô Boboi!** Miriam Alves.
24. **Vida e obra.** Vinicius Calderoni.
25. **Mistura adúltera de tudo.** Renan Nuernberger.
26. **Cardumes de borboletas: quatro poetas brasileiras.** Ana Rüsche e Lubi Prates (orgs.).
27. **A superfície dos dias.** Luiza Leite.
28. **cova profunda é a boca das mulheres estranhas.** Mar Becker.
29. **Ranho e sanha.** Guilherme Gontijo Flores.
30. **Palavra nenhuma.** Lilian Sais.
31. **blue dream.** Sabrinna Alento Mourão.
32. **E depois também.** João Bandeira.
33. **Soneto, a exceção à regra.** André Capilé e Paulo Henriques Britto.
34. **Inferninho.** Natasha Felix.

**CÍRCULO
DE POEMAS**

Este livro foi composto em GT Alpina e
GT Flexa e impresso pela gráfica Ipsis
em setembro de 2024. Um cacto,
vocês não chegam a aguentar.